BEI GRIN MACHT SICH IHR WISSEN BEZAHLT

- Wir veröffentlichen Ihre Hausarbeit, Bachelor- und Masterarbeit

- Ihr eigenes eBook und Buch - weltweit in allen wichtigen Shops

- Verdienen Sie an jedem Verkauf

Jetzt bei www.GRIN.com hochladen und kostenlos publizieren

Bibliografische Information der Deutschen Nationalbibliothek:

Die Deutsche Bibliothek verzeichnet diese Publikation in der Deutschen Nationalbibliografie; detaillierte bibliografische Daten sind im Internet über http://dnb.d-nb.de/ abrufbar.

Dieses Werk sowie alle darin enthaltenen einzelnen Beiträge und Abbildungen sind urheberrechtlich geschützt. Jede Verwertung, die nicht ausdrücklich vom Urheberrechtsschutz zugelassen ist, bedarf der vorherigen Zustimmung des Verlages. Das gilt insbesondere für Vervielfältigungen, Bearbeitungen, Übersetzungen, Mikroverfilmungen, Auswertungen durch Datenbanken und für die Einspeicherung und Verarbeitung in elektronische Systeme. Alle Rechte, auch die des auszugsweisen Nachdrucks, der fotomechanischen Wiedergabe (einschließlich Mikrokopie) sowie der Auswertung durch Datenbanken oder ähnliche Einrichtungen, vorbehalten.

Impressum:

Copyright © 2016 GRIN Verlag
Druck und Bindung: Books on Demand GmbH, Norderstedt Germany
ISBN: 9783668853119

Dieses Buch bei GRIN:

https://www.grin.com/document/453274

Alina Dolch

Psychologie des Gesundheitsverhaltens. Selbstwirksamkeitserwartung, Ernährungsverhalten und Beratungsgespräch

GRIN Verlag

GRIN - Your knowledge has value

Der GRIN Verlag publiziert seit 1998 wissenschaftliche Arbeiten von Studenten, Hochschullehrern und anderen Akademikern als eBook und gedrucktes Buch. Die Verlagswebsite www.grin.com ist die ideale Plattform zur Veröffentlichung von Hausarbeiten, Abschlussarbeiten, wissenschaftlichen Aufsätzen, Dissertationen und Fachbüchern.

Besuchen Sie uns im Internet:

http://www.grin.com/

http://www.facebook.com/grincom

http://www.twitter.com/grin_com

Deutsche Hochschule für
Prävention und Gesundheitsmanagement
Hermann Neuberger Sportschule 3
66123 Saarbrücken

Einsendeaufgabe

Fachmodul: Psychologie des Gesundheitsverhaltens

Studiengang: Gesundheitsmanagement

**Datum
Präsenzphase:** 21.09.2016 bis 23.09.2016

Name, Vorname: Dolch, Alina

Studienort: Hamburg

Semester: WS2016

Inhaltsverzeichnis

1 SELBSTWIRKSAMKEITSERWARTUNG 3

1.1 Erläuterung des Begriffs 3

1.2 Messung der Selbstwirksamkeitserwartung zum Thema: „Gesunde Ernährung" 3

1.3 Studie 5

2 LITERATURRECHERCHE THEMA: ERNÄHRUNGSVERHALTEN 6

2.1 Definition des Handlungsfeldes 6

2.2 Theoretische Grundlagen 6

2.3 Entstehung des Ernährungsverhaltens 7

2.4 Überblick über aktuelle Daten und Zahlen 7

2.5 Präventions- und Interventionsprogramme zur Reduktion von Gesundheitsrisiken 8

2.6 Konsequenzen für eine gesundheitsorientierte Beratung 9

3 BERATUNGSGESPRÄCH 10

3.1 Gesundheitspsychologische Ziele 10

3.2 Rolle des Beraters 10

3.3 Gesprächsverlauf 11

4 LITERATURVERZEICHNIS 14

1 Selbstwirksamkeitserwartung

1.1 Erläuterung des Begriffs

Im Folgenden wird die Begrifflichkeit „Selbstwirksamkeitserwartung" in Anlehnung an Jerusalem, Schwarzer und Bandura definiert.

Selbstwirksamkeitserwartung, auch Kompetenzerwartung genannt, befasst sich mit der Beurteilung und Überzeugungskraft der eigenen Fähigkeiten, die durch Widerstände oder Barrieren des täglichen Lebens beeinflusst und dennoch erfolgreich verwirklicht werden (Jerusalem & Schwarzer, 1981, S.13) und (Bandura, 1977, S.11).

1.2 Messung der Selbstwirksamkeitserwartung zum Thema: „Gesunde Ernährung"

Das nachfolgende Diagramm beschreibt die Selbstwirksamkeitserwartung zum Thema „Gesunde Ernährung" an Hand von fünf befragten Personen.
Die Teilnehmer wurden gefragt, ob sie sich unter bestimmten Gegebenheiten, wie im Diagramm dargestellt, gesund ernähren können.

Dabei wurden die individuellen Ergebnisse in folgenden fünf Kategorien festgehalten:

1,00: der/die Befragte ist sich gar nicht sicher
2,00: der/die Befragte ist sich eher unsicher
3,00: der/die Befragte ist sich nur teilweise sicher
4,00: der/die Befragte ist sich eher sicher
5,00: der/die Befragte ist sich ganz sicher.

Abbildung 1: Selbstwirksamkeit in Bezug auf eine gesunde Ernährung (eigene Darstellung)

Abschließend wird zusammenfassend festgehalten, dass das Ernährungsverhalten von vielen verschiedenen Faktoren abhängig ist. Aus dem Diagramm geht hervor, dass die meisten Befragten sich weniger gesund ernähren, wenn sie auf einem größeren Fest sind (1,6), Heißhunger auf etwas Bestimmtes haben (2,0) oder sich jemand besondere Mühe beim Kochen gibt (2,0). Hingegen kann sich der Großteil der Befragten trotzdem gesund ernähren, wenn sie alleine (4,8) oder nervös sind (4,4).

1.3 Studie

In der nachfolgenden Tabelle befinden sich die Daten der Studie „Empirische Untersuchung der Selbstwirksamkeit bei Patienten mit psychischen Störungen" (Ruholl, 2007).

Autor(en) der Studie	Sabine Ruholl
Jahr	2007
Titel	„Empirische Untersuchung der Selbstwirksamkeit bei Patienten mit psychischen Störungen"
Fragestellung(en)	Stehen Selbstwirksamkeit und verschiedene Diagnosen bei psychisch erkrankten Patienten in einem Zusammenhang? Existiert ein Zusammenhang zwischen der Selbstwirksamkeit und somatopsychosozialen Variablen? Zeigt der Verlauf einer Therapie auf der psychosomatischen Station Korrelationen zur Selbstwirksamkeit? Gibt es eine Beziehung der Selbstwirksamkeit zur „Inanspruchnahme" des Patienten bezüglich der Bedarfsmedikation?
Stichprobe	1.Stichprobe: - 602 ambulante Patienten in einer psychosomatischen Poliklinik - Erstgespräch von 1995-98 mit Therapeuten - vor Gespräch: Ausfüllen mehrerer Fragebögen 2. Stichprobe: - 98 stationäre Patienten in psychosomatischer Poliklinik - Erstgespräch zwischen 1995-98 - später: Aufnahme auf die psychosomatische Station des Klinikums Aachen - Ausfüllen der Fragebögen zu 3 Messzeitpunkten: vor Erstgespräch, bei stationärer Aufnahme und bei stationärer Entlassung 3. Stichprobe: - 181 Patienten in stationärer Behandlung der psychosomatischen Abteilung des Klinikums Aachen - Ausfüllen der Selbstwirksamkeitsfragebögen zu 2 Messzeitpunkten: stationäre Aufnahme und Entlassung
Material/ Tests	- Fragebögen (GKE: generalisierte Kompetenzerwartung und ASF: Aachener Selbstwirksamkeitsfragebogen) mit den Inhalten: Leistungskompetenz, Beziehungen bzw. Kommunikation, Körper und Gesundheit - Berechnung des Arithmetischen Mittels, Durchführung der Varianzanalyse, des Scheffe´ Testes, der Korrelationsanalyse und des Kruskal-Wallis-Testes
Untersuchungsdesigns	- Beantwortung der Fragebögen (GKE und ASF) - Bedarfsmedikation eingeteilt in: Beruhigungs- (B), Schmerz- (S), und somatische Medikamente (M) sowie einen Gesamtwert der Medikamente (MED) →Dabei wurden alle Medikamente gezählt, die ein Patient forderte - Erstdiagnose der Patienten wurde mit Resultaten der Fragebögen verglichen
Ergebnisse	- psychische Störungen unterscheiden sich in ihrer Kompetenzerwartung - besteht Zusammenhang zwischen der Selbstwirksamkeit und somatopsychosozialen Merkmalen - unterschiedliche psychische Störungen: Selbstwirksamkeitserwartung variiert - Patienten mit Angst, Depressionen o. Essstörungen: geringe Kompetenzerwartung - Hohe Selbstwirksamkeit meist bei sexuellen Funktionsstörungen oder somatoformen Störungen - höhere Kompetenzerwartung: weniger Beruhigungsmedikamente - geringere Kompetenzerwartung: mehr Schmerzmedikamente

2 Literaturrecherche Thema: Ernährungsverhalten

2.1 Definition des Handlungsfeldes

Im Folgenden wird die Begrifflichkeit „Ernährungsverhalten" definiert. Unter „Ernährungsverhalten" versteht man das Anschaffen, Zubereiten und den Konsum von Nahrungsmitteln durch den Menschen oder sozialen Gruppen. Hierbei handelt es sich um ein geplantes, aber auch spontanes sowie gewohnheitsmäßiges Handeln, was durch primäre oder sekundäre Einflüsse verschiedene Wirkungen auf das menschliche Handeln erzeugen kann (Oltersdorf, 1984, S. 189) und (Leonhäuser et al. 2009).

2.2 Theoretische Grundlagen

Das Ernährungsverhalten hat sich in den letzten Jahren stark verändert. Sehr auffällig vor allem ist die Ablösung der primären Motive (z. B. Hunger-, Durst- und Sättigungsgefühl) durch eine hohe Anzahl sekundärer Motive. So essen und trinken wir Menschen heutzutage oft nicht mehr nur wegen des Hunger- oder Durstgefühls, um unseren Kalorienbedarf zu decken und unser Überleben sicherzustellen. Sondern im Laufe der Jahre haben emotionale, soziale, ökonomische und hedonistische Motive unser Ernährungsverhalten zunehmend stärker beeinflusst (Ellrott, 2013, R58).

Das Ernährungsverhalten des Menschen entwickelt sich mit zunehmendem Alter. Im Mutterleib beginnt der Prozess, indem das bald Neugeborene durch die Ernährungsweise der Mutter stark beeinflusst wird. Das Kind sammelt bereits nach der Geburt neue Geschmackseindrücke und der Geschmackssinn prägt sich langsam aus. Die primären Bedürfnisse werden im Laufe der Jahre durch sekundäre Bedürfnisse abgelöst, was dazu führt, dass die Innenreize des Menschen geringfügiger wahrgenommen werden und Außenreize überwiegen (Ellrott, 2013, R59).

Hinsichtlich der Unterschiede des Ernährungsverhaltens im Alter macht sich bemerkbar, dass ältere Menschen mehr Wert auf Qualität des Essens legen. Diesbezüglich wird darauf geachtet, Mahlzeiten zu festgelegten Zeiten einzunehmen. Hinsichtlich der Auswahl ihrer Lebensmittel stehen Regionalität und Saisonalität der Nahrungsmittel im Vordergrund. Das Mittagessen (warme Mittagskost) hat hierbei höchste Priorität (Brombach, 2011).

2.3 Entstehung des Ernährungsverhaltens

Schon frühzeitig untersuchten Wissenschaftler die Einwirkung der Ernährung auf den menschlichen Körper. Konzentriert wurde sich zunächst auf den Stoffwechsel und die Inhaltsstoffe der Lebensmittel. Mitte des 19. Jahrhundert erkannte Justus von Liebig den Energiestoffwechsel und unterschied diesbezüglich chemische Stoffe in ihren Wertigkeiten und Funktionen. Dabei konzentrierte er sich hauptsächlich auf die Bestandteile: Eiweiße, Fette und Kohlenhydrate. Eiweiß war zuständig für den Aufbau des Körpers, wohingegen Fette und Kohlenhydrate für die Funktionstüchtigkeit des Körpers, wie Atmung und Leistung, dienten. Dies war Voraussetzung für weitere Forschungen in Deutschland auf diesem Gebiet der Ernährungswissenschaft. Experimente standen hierbei im Mittelpunkt der Forschung, wobei man sich speziell auf den menschlichen Körper fokussierte (Spiekermann, 2000, S.97-98). Carl von Voit war ebenfalls in der modernen Ernährungslehre bekannt. Er führte Studien durch, in denen der Kalorien- und Nährstoffverbrauch der Menschen untersucht wurde. In diesem Zusammenhang bestimmte er das Voitsche Kostmaß, was eine Bedarfsschätzung, bezogen auf die Inhaltsstoffe: Eiweiße, Fette und Kohlenhydrate, darstellte. Nach wissenschaftlichen Erkenntnissen im Laufe der Jahre stellte man fest, dass das Voitsche Kostmaß nicht auf die gesamte Population, sondern eher auf körperlich aktive Männer zutraf.

Die Ernährungswissenschaft verändere sich in den letzten Jahren rapide. Heutzutage sind häufiger Krankheiten, wie Diabetes Typ 2 und Adipositas stark verbreitet, weshalb sich nun stärker auf die Folgen mangelnder Bewegung und der Nahrungsaufnahme, die über dem Bedarf hinausgeht, konzentriert wird. Diesbezüglich stehen Präventionsmaßnahmen und Therapien im Mittelpunkt der Forschung (Zeit Akademie GmbH, 2013, S.8-9).

2.4 Überblick über aktuelle Daten und Zahlen

Betrachtet man das Ernährungsverhalten in Deutschland, lässt sich Folgendes feststellen: Geht man auf die Fragestellung ein, wie oft die deutsche Bevölkerung kocht, ist Erschreckendes erkennbar. 41% der deutschen Bevölkerung hat noch die Zeit und Lust, sich fast täglich etwas zu kochen. 37% der Deutschen tun dies nur zwei bis drei Mal die Woche, während 10 % selten bzw. sich etwa einmal die Woche dafür Zeit nehmen. In negativer Hinsicht ist festzuhalten, dass sogar 12% der Bevölkerung eigentlich nie kochen (Bundesministerium für Ernährung und Landwirtschaft, 2015).

In Deutschland gab es im März 2015 54.536 Kindertagesstätten mit ungefähr 2,86 Millionen Kindern (DGE, 2016, V9). Im Hinblick auf eine gesündere Lebensweise beobachtete man das Ernährungsverhalten der Kinder genauer. Dabei wurde festgestellt, dass 2,01 Millionen Kinder dort täglich Mittag essen. Insgesamt 15% der Kinder und Jugendlichen in Deutschland sind übergewichtig, wobei 6% von Adipositas betroffen sind. Positiv hingegen ist die Tatsache, dass 61,1% der Kinder und Jugendlichen täglich frisches Obst konsumieren und 43,5% der Heranwachsenden täglich Gemüse verzehren. Ebenso wurde festgestellt, dass Mädchen häufiger zu Obst greifen als Jungen (DGE, 2016, V10).

Oftmals wird der soziale Status bei der Betrachtung des Ernährungsverhaltens nicht beachtet und in den Hintergrund gestellt, wobei er einen ziemlich großen Einfluss in Bezug auf eine ausgewogene, gesunde Ernährung hat. Diesbezüglich ist eine ungesündere Ernährungsweise in einer niedrigen sozialen Schicht feststellbar, wohingegen Personen aus einem hohen sozialen Status sich gesündere Lebensmittel leisten können. Das erkennt man auch vor allem daran, dass 49,3% des niedrigen sozialen Status und 75,3% des hohen sozialen Status täglich Obst verzehren (DGE, 2016, V10).

Allgemein wurde in den letzten Jahren die steigende Menge der verzehrten Nahrungsmittel, vor allem in Entwicklungsländern, festgestellt. Hinzu kommt, dass der Fettgehalt in Nahrungsmitteln weltweit ansteigt. Offensichtlich ist auch die steigende Nachfrage nach tierischen Produkten, was sich durch höheres bzw. steigendes Einkommen bemerkenswert macht. Deutlich angestiegen ist auch die durchschnittliche Verzehrmenge von Fisch pro Person. Diese hat sich seit dem Jahr 1957 fast verdoppelt (Paullo, T. & GreenFacts, 2008).

2.5 Präventions- und Interventionsprogramme zur Reduktion von Gesundheitsrisiken

Um Gesundheitsrisiken zu minimieren, sollten bestimmte Präventions- und Interventionsprogramme geschaffen werden. Da Kinder im jungen Alter bereits durch jegliche Art von Werbung stark beeinflusst werden, sollte man gesetzliche Regelungen schaffen. Die Inhaltsstoffe, wie z.B.: Zucker, Fett und Salz, führen bei zu hoher Dosierung oft zu gesundheitlichen Risiken bzw. Schädigungen des Organismus. Daher sollten diese auf den Verpackungen der Lebensmittel hervorgehoben werden, wie es beispielsweise in Großbritannien der Fall ist (Ampelkennzeichnung). An Hand des Beispiels der TV-Werbung von Kinderschokolade, die die gesunde Milch in den Vordergrund stellt und Anteile wie Zucker und Fett unerwähnt bleiben, wird dies deutlich. Snackautomaten in Schulen oder das Essen in Kantinen sollte gesünder gestaltet werden und Süßwaren aus Automaten durch Obst oder andere gesunde Alternativen ersetzt werden. Ebenso sind modernere Essensräume wünschenswert. Vorteilhaft ist auch, die Themen „Gesunde Ernährung und Bewegung im Alltag" mit in den Lehrplan der Schulen zu integrieren, um bereits im jungen Alter auf Gesundheitsrisiken, Krankheiten, aber auch eine gesunde Lebensweise aufmerksam zu machen. Empfehlenswert ist, Kinder frühzeitig für Gesundheits- und Breitensport zu animieren und motivieren. Kinder orientieren sich schon früh am Essverhalten ihrer Eltern. Erwachsene verfügen oft über zu wenig Wissen bezüglich eines gesunden Ernährungsverhaltens, was eine Stärkung der Familienbildung und Elternkompetenz in Bezug auf Ernährung, Bewegung etc. zur Folge haben sollte. Eine ausgeprägte Infrastruktur, wie zum Beispiel ausreichend Fahrradwege und mehr Grünflächen, tragen zur Förderung der Bewegung bei (Bundestagsfraktion Bündnis 90/DIE GRÜNEN, 2007). In vielen Familien besitzen Kinder schon im frühen Alter einen eigenen Fernseher. Während der Mahlzeiten laufen Filme, Serien etc. oft ununterbrochen, sodass die Konzentration auf das Wesentliche (in diesem Fall das Essen) eingeschränkt ist. Daher ist es wichtig, sich auf das Essen zu konzentrieren und während der Mahlzeiten keine technischen Geräte zu nutzen (Ellrott, 2013, R61).

2.6 Konsequenzen für eine gesundheitsorientierte Beratung

Eine Beratung mit gesundheitsförderndem Hintergrund hat die Aufgabe, dem Klienten Informationen zu vermitteln, um das Grundwissen bezüglich des Ernährungsverhaltens zu erweitern. In Beratungen können durch zusätzliche Aktionen und Übungen positive Gesundheitserfahrungen an den Klienten weitergegeben werden. Ziel derartiger Beratungen ist, das Selbstvertrauen des Kunden zu stärken, um im Anschluss gesundheitsbewusst zu handeln. Ebenso wird versucht, den Klienten in eine gesunde Richtung zu lenken und seine Kräfte und Fähigkeiten bezüglich seines Ernährungsverhaltens zu stärken, um bestimmte Situationen, wie zum Beispiel die Reaktion des Körpers auf Heißhungerattacken, allein bewältigen zu können (Berufsverband Deutscher Psychologinnen und Psychologen e. V., 2000). Auch soll damit erreicht werden, das Ernährungsverhalten der Bevölkerung zu optimieren und dem Klienten bewusst zu machen, welche schweren Folgen seine derzeitige Ernährung für seinen Körper haben könnte. Zusätzlich dienen derartige Beratungen der Vorbeugung ernährungsabhängiger Krankheiten (Ellrott, 2013, R62).

3 Beratungsgespräch

3.1 Gesundheitspsychologische Ziele

Die Kundin befindet sich im Prozess der Verhaltensänderung entsprechend des TTM Gesundheitsmodells in der Stufe 2. Gesundheitspsychologische Ziele in diesem Prozess sind vor allem: die Stärkung des Selbstbewusstseins, die Knüpfung sozialer Kontakte, aber auch die Vorbildfunktion für die eigenen Kinder. Hinzu kommt das Gefühl, fitter zu sein, speziell ein besseres Wohlbefinden zu haben und einen gesünderen Lebensstil zu führen. Ebenso wird sie wieder ihre Kleidung tragen können, die ihr vor der Geburt ihrer Kinder noch passten.

3.2 Rolle des Beraters

Im Folgenden wird genauer auf die Rolle des Beraters in einem Gespräch eingegangen.

Um bei dem Klienten ein positives Gesamtbild zu erzeugen, sind bestimmte Standards zu beachten. Bezüglich des Auftretens ist es wichtig, schon zu Beginn des Gesprächs durch Freundlichkeit und nettes Lächeln den Klienten von sich zu überzeugen. Hinzu kommt die Erwartung des Klienten an den Berater, denn der Kunde erwartet meist sehr viel und sieht in dem Berater einen „weisen Mann". Um sich auf den Coach genau einlassen zu können, ist ebenfalls die Sympathie sehr entscheidend. Aufgrund dessen ist eine angemessene Sprache (z. B. Fachsprache) sehr wichtig, sodass der Kunde weiß, der Berater verfügt über ausreichend Wissen. Hinsichtlich der Sprache ist auch der Tonfall sehr entscheidend. Eine ruhige, angenehme Sprache hat oftmals eine positivere Wirkung. Ebenso ist ein gepflegtes Äußeres sehr wichtig. Dazu gehören beispielsweise: sauberes Schuhwerk (ohne Löcher etc.), saubere Fingernägel, frischer Atem und angemessene Kleidung. Die Körperhaltung spielt ebenfalls eine große Rolle, denn sie drückt viel über Gedankengänge oder Gefühle einer Person aus. Außerdem sollte der Coach den Klienten dabei unterstützen, sich selbst zu motivieren und demnach überzeugend wirken. Ein gewisses Vertrauen ist ebenfalls ein wichtiger Aspekt einer guten Beratung. Wird ein gewisses Vertrauen ausgestrahlt, fällt es dem Kunden meist leichter, über seine Probleme zu reden, denn häufig haben Klienten zu Beginn noch einige Hemmungen, die erst durch aufgebautes Vertrauen nach und nach abnehmen.

3.3 Gesprächsverlauf

Coach: Guten Tag, Frau Müller! Mit welchem Anliegen sind Sie denn heute zu mir gekommen? Was ist Ihr konkretes Ziel? (Werkzeug: Offene Frage)

Fr. Müller: Mein konkreter Wunsch ist es, einige Kilos zu verlieren, da ich mit meiner Figur sehr unzufrieden bin, ich aber noch nicht weiß, wie ich das Ganze angehen soll. Die letzten Jahre habe ich meiner Familie gewidmet. Da ich 20 Stunden die Woche als Sekretärin arbeite und 2 Kinder habe, (jeweils 4 und 7 Jahre alt), bleibt mir kaum Zeit, mich sportlich zu betätigen, im Gegensatz zu der Zeit vor der Geburt meiner Kinder, als ich regelmäßig Sport gemacht habe. Insgesamt habe ich keine Beschwerden, aber ich esse sehr unregelmäßig und unausgewogen, was mich sehr belastet.

Coach: Gut, Frau Müller! Wenn Sie sich die ganze Situation jetzt einmal vor Augen halten, was denken Sie denn, was die Vor- und Nachteile Ihres aktuellen Verhaltens sind? (Werkzeug: Offene Frage)

Fr. Müller: Die Vorteile sind auf jeden Fall, dass ich sehr viel Zeit für meine Kinder und auch allgemein für meine Familie habe. Auch vorteilhaft ist, dass ich ausreichend Schlaf habe und selten über Müdigkeit klagen muss. Und der Nachteil ist eben, dass ich mich sehr unwohl in meiner Haut fühle.

Coach: Okay, Sie haben jetzt mehr Vorteile Ihres aktuellen Verhaltens genannt, als Nachteile, also Dinge, die Sie gern an sich verändern möchten. Was denken Sie, wenn Sie sich im Spiegel betrachten? Sind Sie zufrieden mit dem, was Sie sehen? Wäre es nicht auch ein tolles Gefühl, die Konfektionsgröße zu tragen, die Sie vor der Geburt Ihrer Kinder hatten? (Werkzeug: Offene Frage)

Fr. Müller: Wenn ich mich im Spiegel sehe, bin ich sehr unzufrieden mit meiner Figur. Ich gehe deshalb nur noch selten im Sommer an den Strand. Überhaupt zeige ich mich ungern im Bikini. Das ist schon länger mein Wunsch, dieselbe Konfektionsgröße, wie damals, tragen zu können!

Coach: Sehen Sie, Frau Müller! Was hindert Sie denn momentan daran, etwas gegen Ihr Übergewicht zu tun? (Werkzeug: Waage)

Fr. Müller: Ich nehme mir halt sehr viel Zeit für meine Kinder. Ich muss mich um sie kümmern, sie ins Bett bringen und mit ihnen spielen. Mein 7 jähriges Kind muss ich auch immer zur Schule bringen und es auch anschließend von der Schule wieder abholen. Hinzu kommt noch, dass ich den ganzen Haushalt

	schmeißen muss. Außerdem bin ich jeden Tag auf Arbeit und mir fehlt nach der Arbeit oft die Motivation, mich noch sportlich zu betätigen.
Coach:	Aber jetzt denken Sie doch mal daran, wie Sie sich fühlen würden, wenn Sie ihr Wunschgewicht erreicht haben! Was denken Sie, könnten Sie für sich gewinnen, wenn Sie Ihr Verhalten ändern, indem Sie sich sportlich betätigen und sich auch ausgewogen und zu regelmäßigen Zeiten ernähren? (Werkzeug: Waage)
Fr. Müller:	Ich wäre viel zufriedener mit mir selbst, würde vielleicht sogar mein Selbstbewusstsein stärken und natürlich auch ein besseres Wohlbefinden haben und fitter werden! Die Vorstellung macht mich so glücklich!
Coach:	Und wenn Sie jetzt speziell an Ihre Kinder denken – meinen Sie nicht auch, dass Ihre Verhaltensänderung einen großen Einfluss auf Ihre Kinder haben könnte? (Werkzeug: Waage)
Fr. Müller:	Ja das stimmt, da meine Kinder durch meine Essgewohnheiten wahrscheinlich auch nicht den gesündesten Lebensstil verfolgen. Ich möchte ein Vorbild für meine Kinder sein und Ihnen zeigen, wie es richtig geht!
Coach:	Sehen Sie! Und jetzt halten Sie sich doch mal vor Augen, was Sie früher schon gemeistert haben! Sie sagten, Sie hätten sich damals regelmäßig sportlich betätigt! Wie haben Sie sich denn nach dem Sport gefühlt? (Werkzeug: Interne Ressourcen)
Fr. Müller:	Das Gefühl war einfach toll! Sport war ein super Ausgleich zum Alltag, es hat mir viel Spaß gemacht und ich fühlte mich danach direkt besser! Und natürlich hat's meiner Figur auch gut getan.
Coach:	Wenn Sie sich wirklich vornehmen, einem gesünderen Lebensstil zu folgen, was natürlich auch die psychische und physische Leistungsfähigkeit für Sie, als auch für Ihre Kinder, steigert, können Sie sich wieder so fühlen! Was wäre denn ein erster guter Schritt auf Ihrem Weg, um dem Ziel etwas näher zu kommen? (Werkzeug: SMART)
Fr. Müller:	Na, ich müsste irgendwie Zeit dafür finden, mich wieder sportlich zu betätigen.
Coach:	An welchen Sport haben Sie denn gedacht, wenn Sie es regelmäßig durchhalten wollen? Und welchen Sport haben Sie denn damals gemacht?
Fr. Müller:	Ich würde meine Kinder mit dem Fahrrad zur Schule und zur Kita fahren, dann könnte ich sie auch dazu animieren, etwas für Ihre Gesundheit zu tun! Und ich würde mit dem Rad zur Arbeit fahren, statt mein Auto zu nehmen.

	Früher habe ich 2-3 Mal die Woche Kurse besucht, was ich mir auch vorstellen könnte, wieder zu tun.
Coach:	Das sind doch schon mal gute Ansatzpunkte! Sie meinten zu Beginn unseres Gesprächs, dass Sie die letzten Jahre Ihrer Familie gewidmet haben. Sie haben doch sicherlich durch den Besuch der Kurse damals auch soziale Kontakte geknüpft? Es wäre doch toll, auch mal wieder mit anderen Personen in Kontakt zu kommen, etwas zu unternehmen und gemeinsame Interessen zu verfolgen! Was meinen Sie, wer könnte Sie unterstützen auf dem Weg zu Ihrem Ziel? Oder kennen Sie jemanden, der ähnliche Ziele hat, wie Sie? (Werkzeug: Soziale Unterstützung)
Fr. Müller:	Ja, ich habe früher in den Kursen zwei Damen kennengelernt, die auch abnehmen wollten! Sie waren damals schon eine große Motivation für mich, um regelmäßig sportlich aktiv zu sein!
Coach:	Sehen Sie! Somit hätten Sie sogar jemanden, mit dem Sie gemeinsam den Weg gehen können! Wenn Sie anfangen, Kurse wieder in Ihren Alltag zu integrieren, wann und wo würden Sie es dann tun? (Werkzeug: Zeitmanagement)
Fr. Müller:	Ich werde erst einmal wieder damit beginnen, 2x die Woche einen Kurs zu besuchen. Am besten natürlich abends (etwa 1-2 h nach dem Abendessen) um 19:30 Uhr. Somit hätte ich vorher genug Zeit, für meine Kinder und mich zu kochen, gemeinsam mit ihnen zu essen und anschließend zum Sport zu gehen. Während ich die Kurse besuche, kümmern sich meine Eltern dann um die Kinder.
Coach:	Das hört sich doch mal nach einem Plan an! Dann erstelle ich Ihnen jetzt einen Handlungsplan, den Sie sich Zuhause am besten dort hinhängen, wo Sie sich am meisten aufhalten, sodass Sie immer wieder an Ihre Ziele erinnert werden und Ihre eigene Motivation gestärkt wird! Und wir sehen uns dann am besten regelmäßig zu einem Gespräch wieder, um die Ergebnisse der letzten Zeit zu diskutieren und die ersten Erfolge festzustellen!
Fr. Müller:	Vielen Dank für Ihre Bemühungen! Ich werde alles versuchen, um meinem Ziel näher zu kommen.
Coach:	Gern geschehen, Frau Müller! Bis dahin wünsche ich Ihnen viel Erfolg bei Ihrem Vorhaben und ich glaube ganz fest an Sie! Sie schaffen das!

4 Literaturverzeichnis

Bandura. (1977). *Selbstwirksamkeitserwartungen.* Zugriff am 05.10.2016. Verfügbar unter http://www.diss.fu-berlin.de/diss/servlets/MCRFileNodeServlet/FUDISS_derivate_000000000271/03_k ap2.pdf?hosts=

Berufsverband Deutscher Psychologinnen und Psychologen e. V., (BDP). (2000). *Psychologische Beratung im Gesundheitsbereich. Vorgehen und Handlungsbereiche.* Zugriff am 29.09.2016. Verfügbar unter http://www.bdp-verband.org/bdp/archiv/beratung_gesundheit.pdf

Brombach, C. (2011). *Soziale Dimensionen des Ernährungsverhaltens. Ernährungssoziologische Forschung.* Zugriff am 02.10.2016. Verfügbar unter https://www.ernaehrungs-umschau.de/fileadmin/Ernaehrungs-Umschau/pdfs/pdf_2011/06_11/EU06_2011_318_324.qxd.pdf

Bundesministerium für Ernährung und Landwirtschaft. (Hrsg.). (2015). *Der BMEL Ernährungsreport 2016: Deutschland, wie es isst.* Zugriff am 26.09.2016. Verfügbar unter http://www.bmel.de/SharedDocs/Downloads/Broschueren/Ernaehrungsreport2016.pdf;jsessionid=18EE55D6C3148C08CC35EC5011C6DD11.2_cid367?__blob=publicationFile

Bundestagsfraktion Bündnis 90/DIE GRÜNEN. (2007). *Konkrete Maßnahmen für gesunde Ernährung ergreifen.* Zugriff am 29.09.2016. Verfügbar unter http://www.gesundheit-adhoc.de/konkrete-manahmen-fuer-gesunde-ernaehrung-ergreifen.html

Deutsche Gesellschaft für Ernährung e.V., (2016). *Verpflegung in Kindertageseinrichtungen: Bonn.* Zugriff am 26.09.2016. Verfügbar unter https://www.dge-medienservice.de/13-dge-ernahrungsbericht-vorveroffentlichung-kapitel-2-und-3.html

Ellrott, T. (2013). *Psychologische Aspekte der Ernährung.* Zugriff am 29.09.2016. Verfügbar unter http://www.ernaehrungspsychologie.org/images/stories/ellrott%20t%20-%20psychologische%20aspekte%20des%20ernhrung.%20diabetologie%202013%208%20r57-r70.pdf

Jerusalem & Schwarzer. (1981). *Skalen zur Erfassung von Lehrer- und Schülermerkmalen. Allgemeine Selbstwirksamkeitserwartung. Kurzbeschreibung.* Zugriff am 05.10.2016. Verfügbar unter http://www.psyc.de/skalendoku.pdf

Leonhäuser et al. (2009), Oltersdorf (1984). *Definition von Ernährungsverhalten.* Zugriff am 04.10.2016. Verfügbar unter https://www.mri.bund.de/de/institute/ernaehrungsverhalten/?sword_list%5B0%5D=ern%C3%A4hrungsverhalten&cHash=34b3ee4a1c73c23dbefe4ae9716b0cd0

Leonhäuser et al. (2009). *Ernährungsverhalten.* Zugriff am 04.10.2016. Verfügbar unter http://www.agev.net/wissenswertes/ev/ernaehrungsverhalten.htm

Paullo, T. & GreenFacts. (2008). *Ernährung Vorbeugung chronischer Krankheiten. Wie verändern sich die Ernährungsgewohnheiten?.* Zugriff am 28.09.2016. Verfügbar unter http://www.greenfacts.org/de/ernaehrung/

Ruholl, S. (2007). *Selbstwirksamkeit als Indikator für psychische Störungen - Status und Verlauf.* Zugriff am 28.09.2016. Verfügbar unter https://www.deutsche-digitale-bibliothek.de/binary/6ZBPQJX3Z3AZXR2F7ELWA4AFL7HMQ7CK/full/1.pdf

Spiekermann, U. (2000). *Historischer Wandel der Ernährungsziele in Deutschland – Ein Überblick.* Zugriff am 28.09.2016. Verfügbar unter http://www.agev.net/tagung2000/spiekermann.pdf

Zeit Akademie GmbH. (Hrsg.). (2013). *Ernährung Gesundheit, Lebensmittel und Psychologie.* Zugriff am 28.09.2016. Verfügbar unter http://shop.zeit.de/media/pdf/ZA_Ernaehrung-Seminar_Leseprobe.pdf

BEI GRIN MACHT SICH IHR WISSEN BEZAHLT

- Wir veröffentlichen Ihre Hausarbeit, Bachelor- und Masterarbeit

- Ihr eigenes eBook und Buch - weltweit in allen wichtigen Shops

- Verdienen Sie an jedem Verkauf

Jetzt bei www.GRIN.com hochladen und kostenlos publizieren